YAGUARÊ YAMÃ
SABEDORIA DA ALDEIA

ILUSTRAÇÕES
MAURICIO NEGRO

Dados Internacionais de Catalogação na Publicação (CIP)
Angélica Ilacqua CRB-8/7057

Yamã, Yaguarê
  Sabedoria da aldeia : provérbios e ensinamentos indígenas / Yaguarê Yamã ; ilustrações de Mauricio Negro. - São Paulo : Paulinas, 2025.
  32 p. : il., color. (Coleção Universo indígena. Série Sabedoria Ancestral)

  ISBN 978-65-5808-290-3

  1. Literatura infantojuvenil brasileira 2. Indígenas da América do Sul – Cultura - Brasil I. Título II. Negro, Mauricio

25-0050   CDD 028.5

Índice para catálogo sistemático:

1. Literatura infantojuvenil brasileira

1ª edição – 2025

Direção-geral:	*Ágda França*
Editora responsável:	*Andréia Schweitzer*
Coordenação de revisão:	*Marina Mendonça*
Copidesque e revisão:	*Ana Cecilia Mari*
Gerente de produção:	*Felício Calegaro Neto*
Produção de arte:	*Telma Custódio*

Nenhuma parte desta obra pode ser reproduzida ou transmitida por qualquer forma e/ou quaisquer meios (eletrônico ou mecânico, incluindo fotocópia e gravação) ou arquivada em qualquer sistema ou banco de dados sem permissão escrita da Editora. Direitos reservados.

Paulinas
Rua Dona Inácia Uchoa, 62 – Vila Mariana
04110-020 – São Paulo – SP (Brasil)
Tel.: (11) 2125-3500
paulinas.com.br – editora@paulinas.com.br
© Pia Sociedade Filhas de São Paulo – São Paulo, 2025

PROVÉRBIOS
E ENSINAMENTOS
INDÍGENAS

YAGUARÊ
SABEDORIA YAMÃ

ILUSTRAÇÕES
MAURICIO DA ALDEIA
NEGRO

Paulinas

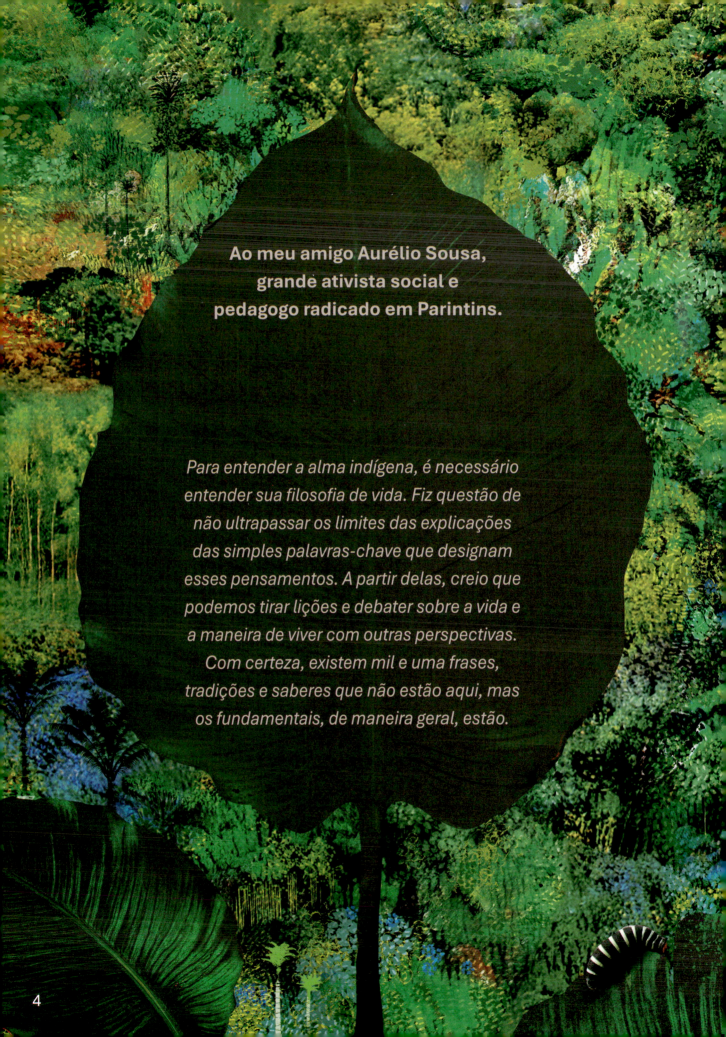

Ao meu amigo Aurélio Sousa,
grande ativista social e
pedagogo radicado em Parintins.

Para entender a alma indígena, é necessário entender sua filosofia de vida. Fiz questão de não ultrapassar os limites das explicações das simples palavras-chave que designam esses pensamentos. A partir delas, creio que podemos tirar lições e debater sobre a vida e a maneira de viver com outras perspectivas. Com certeza, existem mil e uma frases, tradições e saberes que não estão aqui, mas os fundamentais, de maneira geral, estão.

A FILOSOFIA QUE VEIO DA FLORESTA

A cultura tradicional indígena é pouco compreendida pela filosofia ocidental, muito menos ainda pelo pensamento moderno, mas ela contém a base de uma vida leve e saudável. O mundo urbano vive sobrecarregado e é comum as pessoas falarem em "tempo livre". Para o indígena tradicional, isso soa estranho, já que para ele o tempo não existe, só o momento importa. Por outro lado, quem leva uma vida sedentária e cheia de deveres também tem dificuldade em compreender a cultura tradicional, na qual os valores morais são poucos, mas intransigentes e indispensáveis para a vida em comunidade.

Muitas vezes, a gente da cidade, cansada, estressada e sedenta de palavras libertadoras e motivadoras, vai em busca de livros de autoajuda, mas não encontra neles alento, porque não estão inseridos no conceito de "viver completo", além de quem os escreve não vivenciar o que prega. Criar alternativas por si só não é suficiente; é preciso vivenciá-las para transmiti-las.

Aqui apresento alguns pensamentos tradicionais das diversas culturas, em que a simplicidade anda de mãos dadas com a bondade e a alegria de viver. Pensamentos que têm guiado esses povos por centenas de anos sem se tornarem ultrapassados.

ensinamento geral

Na cultura da aldeia, não há sem-teto

Todos constroem suas casas
e, se acaso alguém não tiver onde morar,
a comunidade se reúne para construir uma casa.

ensinamento geral

Na cultura da aldeia, não há sem-terra

A terra não tem dono,
pois pertence unicamente ao Criador.
Sendo assim, tudo o que foi criado
é destinado a todos.
Somos apenas os cuidadores.

ensinamento geral

Na cultura da aldeia, não há mendigos

A sociedade é de todos e o bem, comum.
Todos têm o mesmo nível social,
não há ricos nem pobres, senhores ou servos...
O trabalho e o ganho são compartilhados por todos.

ensinamento geral

Na cultura da aldeia, não existe asilo

Os mais velhos são valorizados
por serem detentores dos saberes.
Desempenham o papel de avós para todos
e são considerados joias valiosas aos olhos dos jovens.
A sociedade segue os ensinamentos deles.

ensinamento geral

Para a cultura da aldeia, não existe "meu"

O que é meu é seu, e que assim seja!
O que é seu também é meu e, dessa forma,
todos vivem conforme o bem comum.
O "nosso" bem.

ensinamento maraguá

Na cultura da aldeia, o que fazemos não é para nós

Tudo o que se realiza só tem valor se for
para benefício de todos, e não para nós mesmos.
Então tudo o que se usa é feito por outros.
No tempo em que morava com os Maraguás,
tudo o que eu fazia era dado a alguém:
um primo, um irmão, um tio ou mesmo
uma pessoa não tão próxima.

ensinamento geral
Na cultura da aldeia, a terra é nossa mãe

A terra é sagrada.
Foi Monãg quem a fez para que cuidemos dela.
Somos filhos da terra. Ela é nossa mãe.
É uma parte de nós.
Daí por que lutamos por ela.

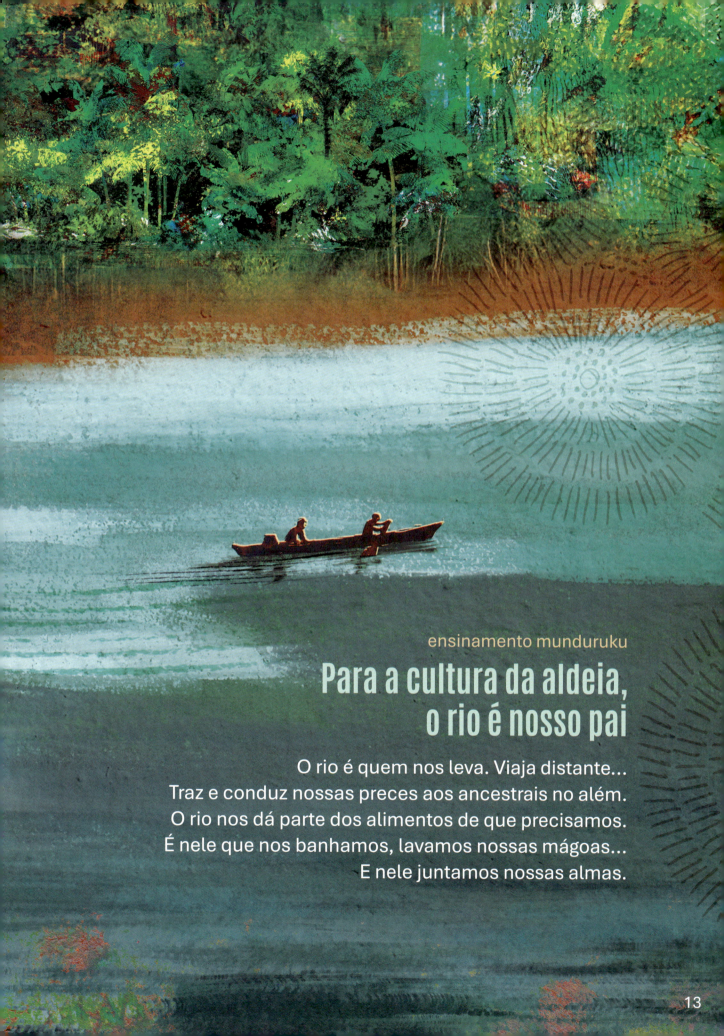

ensinamento munduruku

Para a cultura da aldeia, o rio é nosso pai

O rio é quem nos leva. Viaja distante...
Traz e conduz nossas preces aos ancestrais no além.
O rio nos dá parte dos alimentos de que precisamos.
É nele que nos banhamos, lavamos nossas mágoas...
E nele juntamos nossas almas.

Canela Memortumré
Ashaninka
Assurini
Barasana
Ka'apor
Macuxi
Iny Karajá
Gamela Arikapú
Trumai
Enawenê-nawê

ensinamento geral
Siriano
Na cultura da aldeia, todos são parentes

Dâw

Gavião Akrãtikatêjê

O mundo é pequeno; grande é a diversidade.
Todos somos irmãos, parentes...
"Olá, meu parente!", posso dizer naturalmente
para qualquer pessoa,
Javaé
pois viemos de um lugar somente
e descendemos de um único pai:
o grande Monãg.

Bará
Galibi Ka'lina
Tuxá
Yawalapiti
Palikur
Boe Bororo
Tuyuka
Karapanã
Suruwaha
Xukuru
Wauja
Nambikwara
Desana

14

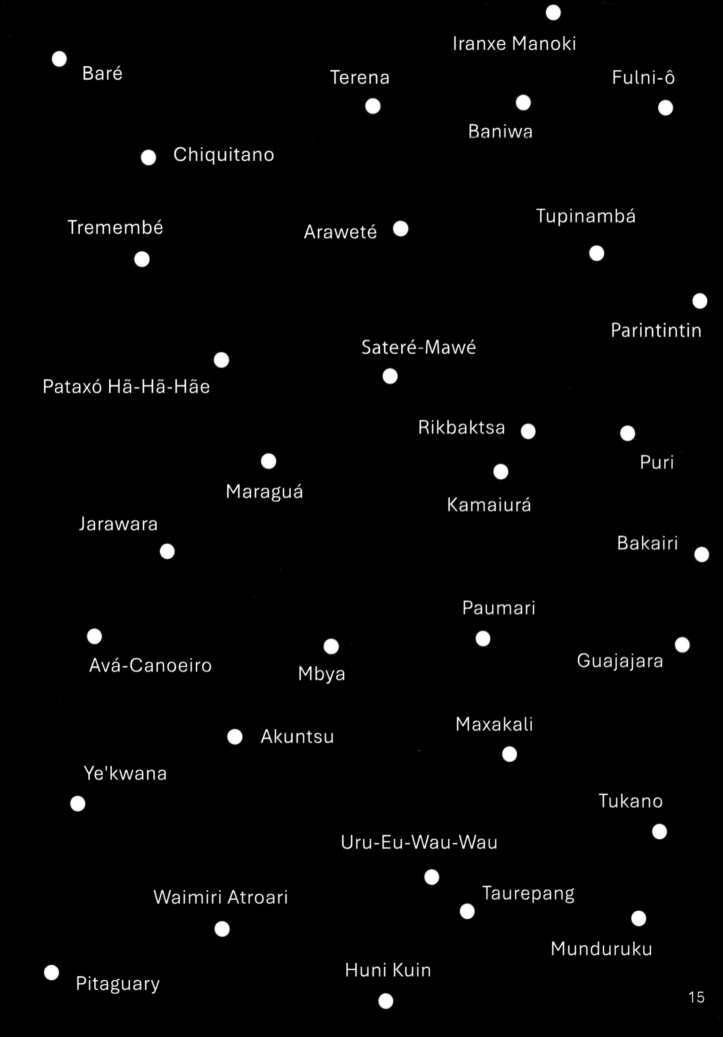

ensinamento geral

Na cultura da aldeia, os animais são nossos irmãos

"Olá, meu tio jaguar!"
Se eu falar assim, referindo-me a uma onça-pintada,
não estarei sendo louco.
Também não estarei sendo louco
se chamar de "irmãos"
os muitos animais e pássaros
que habitam nossas florestas:
anta, jacaré, jiboia, bem-te-vi...
A natureza nos dá a vida e, com ela,
os animais, com os quais devemos coexistir pacificamente.
É deles que nos alimentamos.
Por isso, é preciso haver respeito e agradecimento.

ensinamento geral

Na cultura da aldeia, o tempo passa lentamente

Para os indígenas, não há a ditadura das horas.
Toda hora é a hora.
Somos livres para viver o tempo e o momento.
Ninguém se atrasa nem se apressa.
Deixamos o tempo correr.

provérbio munduruku

Na cultura da aldeia, "o melhor caminho é aquele pisado várias vezes"

No caminho já pisado por outros
encontramos segurança.
Nele caminhamos convictos.
Os mais velhos dizem que a tradição
e a cultura ancestral impedem que haja crise existencial.
Os jovens não têm medo do futuro,
pois têm na memória o passado de glória.
É só não errar o caminho,
segui-lo confiante e não se desviar.

ensinamento maraguá

Na cultura da aldeia, "não voltamos pelo mesmo caminho"

Segundo os anciãos, se errarmos,
não devemos repetir o erro.
Então, se tivermos que voltar atrás,
que seja por outro caminho,
algum já conhecido pelos mais velhos.

ensinamento munduruku

Na cultura da aldeia, "todas as coisas são pequenas"

Não há nada que não possamos vencer.
A vitória cabe a todos e é de todos.
Tudo se resolve com sabedoria.
Os problemas terminam quando nos sobrepomos a eles,
mostrando quem somos...
E o que somos?
Filhos do pai primeiro.

ensinamento geral
Na cultura da aldeia, a dança é coletiva

Não há dança particular em que
alguns são melhores que outros.
Dançamos com dois objetivos:
agradecer e celebrar.
A união de nossa dança é a característica
mais peculiar de nossa coletividade.
Somos todos iguais, somos todos irmãos
e partilhamos os mesmos valores para com a Mãe-Terra.

ensinamento de povos tupis
Na cultura da aldeia, amigas e parentas da mãe da criança são também suas mães

A bondade é ligada ao parentesco.
Amizade vale como família.
Com essa filosofia de vida,
o cuidado dado à criança não provém só da mãe,
mas de toda a comunidade.
Benditas todas as mães, tias e avós "de consideração"!

ensinamento geral

Na cultura da aldeia, artesanatos e objetos são mais do que arte

Todos os instrumentos necessários ao cotidiano são objetos produzidos com primor. A beleza deles é criada a partir do pensamento perfeccionista do indígena e de sua filosofia: "Não faça nada que seja malfeito". O conceito de arte não faz parte de nossas culturas.

ensinamento geral

Na cultura da aldeia, a raiva é passageira

A raiva nunca fica arquivada, nunca é lembrada. Quando passa, passa de vez. Nem por isso se deve achar que o indígena é "bobo". A cultura da paz é o bem maior dado aos "parentes". Inimigos se tornam amigos com facilidade e, com o passar do tempo, aqueles que se confrontavam, podem sorrir e se abraçar.

ensinamento geral, sobretudo maraguá e mawé

Na cultura da aldeia, as histórias são nossas professoras

As histórias nos ensinam a lidar com a vida.
Saber como viver. Aprender a viver.
Por isso contamos e ouvimos histórias o tempo todo.
A oralidade está na base de nossa identidade.
Os contadores de histórias são verdadeiros sábios
e, por isso, são valorizados.
Salve os contadores de histórias,
que tanto nos ensinam com suas narrativas!

ensinamento geral

Na cultura da aldeia, vale mais ouvir do que falar

É pelo ouvido que entra a sabedoria ancestral.
Aprender a ouvir é um dom que toda criança indígena
de sociedade tradicional procura ter.
O respeito para com os mais velhos
é fundamental para o ouvir bem.
"Quando alguém estiver falando,
cale-se para ouvir o que tem a dizer.
Só depois você também poderá ser ouvido."

ensinamento geral e mawé
Na cultura da aldeia, "guariba também é gente"

Os animais valem tanto e quanto nós.
Saber respeitá-los e aprender a amá-los
como nossos iguais é uma prioridade
para compreender a vida.
Todos os seres da natureza têm uma "mãe".
Tratá-los mal é desrespeitar quem deles cuida.
"Não se deve matar mais do que se pode comer"
– esse é um dos primeiros conselhos
que ouvimos.

ensinamento mawé
Na cultura da aldeia, o planeta é "uma cobra grande"

Como ser vivo, a "cobra grande"
está dormindo tranquilamente.
Pena que muitos teimem em querer acordá-la.
Se não cuidarmos bem dela, desmatando suas entranhas,
arrancando suas raízes, poluindo suas vertentes, com certeza,
ela acordará e, segundo a profecia dos sábios saterés,
nosso fim será terrível: a "cobra grande", irada, nos engolirá

ensinamento geral

Na cultura da aldeia, as crianças aprendem brincando

As crianças indígenas são livres. Não há restrições.
Basta cuidar delas, ouvi-las, observá-las
e não será preciso impedi-las de nada.
A floresta e a aldeia são sua sala de aula. Sempre observadas
pelo olhar cuidadoso dos familiares, aprendem com a tradição,
com a natureza e com os mais velhos;
brincando na água, correndo no terreiro,
caçando com os amigos, ouvindo histórias...
A aprendizagem das crianças indígenas é completa.

ensinamento geral

Na cultura da aldeia, meninos e meninas têm afazeres domésticos

As crianças indígenas ajudam a família em seus afazeres
e é dever de todos manter o lar. No entanto, esse trabalho
não é forçado. As tarefas são realizadas como um ritual.
As atividades dadas às crianças fazem parte de sua
aprendizagem e ocupam somente poucas horas de seu dia.
No dia a dia, meninos e meninas sabem quais são
os seus deveres e os cumprem muito bem.

ensinamento geral

Na cultura da aldeia, pedimos licença ao rio antes de entrar nele

Pedimos permissão às árvores antes de cortá-las,
e também pedimos perdão aos animais antes de matá-los.
Afinal, se todos são irmãos, se todos são parentes,
por que não dialogar, pedir permissão e desculpas?
Agindo assim, recebemos a benevolência
daquele que cuida de todos.

ensinamento geral e maraguá

Na cultura da aldeia, "somos o que comemos"

Busca-se a sabedoria por meio da natureza,
que tem muitos sabores e saberes.
O pássaro japiim, por exemplo,
é dado como alimento para a criança,
para que ela adquira sua inteligência.
Então é preciso tomar cuidado, porque o que comemos
influencia nosso corpo e nossa alma.

ensinamento maraguá e parintintin

Na cultura da aldeia, coloca-se a cabeça de um pintinho na boca da criança para que ele pie, e, assim, ela aprenda a falar rapidamente

Costumes como esse revelam que confiamos
e podemos sempre recorrer à natureza para buscar
e adquirir conhecimento por meio dela.

ensinamento geral

Na cultura da aldeia, lenda não é ficção

Para o indígena, não existe o conceito de lenda
como narrativa de ficção.
Tudo (ou quase tudo) é verdadeiro.
Então, tomamos cuidado para não profanar,
desrespeitar ou brincar com o que não conhecemos.
De acordo com a sabedoria, é melhor parar quando
não se sabe aonde se vai chegar.
O desconhecido nem sempre é benigno.
Também é melhor não mexer com quem está quieto.
Há coisas que somente dizem respeito ao Criador
e o ser humano precisa entender isso.

ensinamento geral

Na cultura da aldeia, não se acumulam riquezas

Não se deve acumular bens materiais, porque,
quando chega o tempo de morrer,
é impossível levá-los. Nada se aproveita,
a não ser os valores morais
e a sabedoria adquirida durante a vida.
Também não se deve juntar bens materiais por um motivo
muito claro: a simplicidade da existência do indígena.
Mais importante que o ter, é o ser.

ensinamento geral

Na cultura da aldeia, os quintais não têm divisão

O indígena não pensa na posse e, por isso, nunca diz
"no que é meu ninguém bota a mão" ou
"meu espaço ninguém invade".
Diferentemente de como é feita a divisão de terrenos
em cidades, nas aldeias não há muros, não há cercas,
não há impedimentos. O único limite é o respeito pelo outro.
Galos, galinhas, porcos, cachorros, gatos...
Todos são vizinhos, então, os animais têm passagem livre.
A base do entendimento começa no pedido de licença.

tradição geral

Na cultura da aldeia, alimento se reparte

Dividimos o que ganhamos, o que caçamos,
o que pescamos... sempre pelo bem da comunidade.
A filosofia da boa vizinhança está presente
em tudo o que adquirimos.
Quando alguém caça, os cortes são divididos entre
os vizinhos de perto e também de longe.
Quando alguém pesca, com certeza
os peixes serão divididos com os outros.
A preocupação sobre se alguém já comeu,
já almoçou, já jantou, é verdadeira.
Assim, na mesa de uma família quase sempre
há comida de "dentro" e comida de "fora".

ensinamento guarani
Na cultura da aldeia, o objetivo é chegar à "terra-sem-mal"

Nossa vivência nesta terra é temporária. Estamos somente de passagem, e o melhor ainda está por vir.

Sobre o autor

Filho do povo Maraguá, por parte de mãe, e do povo Sateré-Mawé, por parte de pai, **Yaguarê Yamã** é pai de sete filhos: Kawrê, Kenatiê, Ana Luiza, Maynara, Yaguarê, Tainãly e Kalyzi.

Viveu entre a aldeia, o interior ribeirinho e as cidades de Parintins e Manaus, antes de morar em São Paulo, onde se licenciou em Geografia pela Universidade de Santo Amaro (UNISA) e iniciou a carreira de professor, escritor, ilustrador e geógrafo.

Em 2004, retornou ao Amazonas com o objetivo de retomar o processo de reorganização do povo Maraguá e de lutar pela demarcação de suas terras. Em 2015, criou a Associação do Povo Indígena Maraguá (ASPIM), com sede em Nova Olinda do Norte, onde militou por seis anos como vice-coordenador, combatendo as ameaças de madeireiros e traficantes de animais e de drogas que atuam na região.

É autor do projeto "De volta às origens", que atua na reorganização cultural e social dos descendentes de povos indígenas, bem como no resgate da cultura e da língua falada pelos indígenas. Com isso, tem palestrado nas calhas dos municípios de Boa Vista do Ramos, Maués, Juruti e Barreirinha, junto a comunidades indígenas e ribeirinhas, visando à conscientização da população. Integrante e um dos iniciadores do Movimento de Literatura Indígena desde 1999, atuou no Núcleo de Escritores Indígenas (NEARIN) e no Instituto Indígena Brasileiro de Propriedade Intelectual (IMBRAPI), além de fazer parte, como vice-presidente, do Instituto WEWAÁ para a literatura indígena na Amazônia.

É autor de dicionários, livros infantis e de contos, com os quais ganhou alguns prêmios nacionais e internacionais, como Altamente Recomendável (FNLIJ), The White Ravens (Biblioteca de Munique — Alemanha), e foi selecionado para a Feira de Bolonha (Itália) e o PNBE, sempre visando à inserção e à divulgação da cultura indígena na sociedade, sem preconceitos ou estereótipos. Como ilustrador, é especialista em grafismos indígenas, arte que utiliza em seus próprios livros e em obras de outros autores. Nas artes plásticas, tem participação na obra *Etnias do sempre Brasil*, da escultora Maria Bonomi, com duas placas de bronze, expostas no Memorial da América Latina, em São Paulo.

Pertence à Academia Parintinense de Letras e, desde 2020, é sócio-cofundador da Academia da Língua Nheengatu (ALN), juntamente com várias lideranças, a qual tem como propósito resgatar a Língua Geral, de forma a torná-la língua franca em toda a bacia amazônica.

Sobre o ilustrador

Mauricio Negro é ilustrador, escritor, designer, pesquisador, editor, curador e gestor cultural de projetos relacionados com natureza e sociedade, multiculturalismo e identidade, ancestralidade e contemporaneidade, sobretudo marcados pela diversidade sociobiocultural brasileira. É o mais frequente ilustrador da chamada literatura indígena, com a qual colabora há cerca de três décadas como ilustrador, designer, organizador, mediador, editor. Com Yaguarê Yamã mantém uma fértil parceria de projetos editoriais.

Paulistano, nascido em 1968, é comunicólogo pela Escola Superior de Propaganda e Marketing (ESPM) e pós-graduado em Gestão Cultural pelo Senac São Paulo. Foi membro do conselho diretor da Sociedade dos Ilustradores do Brasil (SIB). Como autor-ilustrador, além do Brasil, já publicou na América do Sul, África, Ásia e Europa. Participou de eventos, mostras e catálogos nacionais e internacionais (Bratislava, Bolonha, Frankfurt etc.). Recebeu prêmios e menções, tais como os oito selos do Clube de Leitura ODS da ONU, The White Ravens (Alemanha), NOMA Encouragement Prize (Japão), The Merit Award/Hiii Illustration (China), Seleção CJ Picture Book Festival (Coreia do Sul), selos Distinção e Seleção Cátedra UNESCO de Leitura PUC-Rio, Prêmio Akuli — Fundação Biblioteca Nacional, Prêmio FNLIJ, Prêmio Jabuti, Prêmio AEILIJ de Literatura, Prêmio Minuano de Literatura, Prêmio SIDI Editorial, entre outros reconhecimentos.

Saiba mais sobre ele em: <bio.site/mauricionegro>.

YAGUARÊ
SABEDORIA YAMÃ
DA ALDEIA
ILUSTRAÇÕES
MAURICIO NEGRO